RELATION

DES FAITS

QUI ONT AMENÉ LA MISE EN DISPONIBILITÉ

DU

MARÉCHAL-DE-CAMP DE MYLIUS,

COMMANDANT LA SUBDIVISION DU CALVADOS,

ET QUELQUES DÉTAILS

SUR LA SPOLIATION

Exercée envers les jeunes Soldats de ce département; délit que le général poursuivait avec persévérance.

———⊷❋⊶———

Paris.

IMPRIMERIE D'ÉDOUARD PROUX ET Ce,

RUE NEUVE-DES-BONS ENFANS, 3.

—

1842.

RELATION

DES FAITS QUI ONT AMENÉ LA MISE EN DISPONIBILITÉ DU MARÉCHAL-DE-CAMP DE MYLIUS, COMMANDANT LA SUBDIVISION DU CALVADOS, ET QUELQUES DÉTAILS SUR LA SPOLIATION EXERCÉE ENVERS LES JEUNES SOLDATS DE CE DÉPARTEMENT, DÉLIT QU'IL POURSUIVAIT AVEC PERSÉVÉRANCE.

Paris, 20 mai 1842.

Il y a un an que j'ai été mis en disponibilité sur la demande de M. le lieutenant-général Teste, commandant la 14ᵉ division militaire ; il m'accusa de lui avoir désobéi, en n'exécutant pas immédiatement l'ordre qu'il m'avait donné de remettre au sous-intendant un état insignifiant. (Voir les pièces justificatives nᵒˢ 1, 2 et 5.)

J'adressai aussitôt ma réclamation à Monsieur le maréchal, ministre de la guerre, lui démontrant jusqu'à l'évidence que le motif allégué, déjà bien futile pour punir aussi sévèrement un officier général, n'avait même pas existé; je lui disais que cette prétendue faute de désobéissance cachait le mécontentement qu'éprouvait M. le lieutenant-général Teste de mon insistance à signaler une infâme spoliation dont venaient d'être victimes les jeunes soldats du Cal-

1

vados et à demander la punition exemplaire de ceux qui l'avaient commise ou tolérée.

Pénétré des devoirs de la subordination et me soumettant respectueusement à la circulaire de février 1841, je n'ai rien publié dans les journaux, malgré diverses provocations émanées de la presse quotidienne.

Après avoir attendu vainement depuis un an l'heure de la justice, je vois que les faits que j'ai dénoncés n'ont pu être contestés ; bien plus, le ministre a ordonné le remboursement des sommes volées aux jeunes soldats, tandis que les coupables sont restés impunis ; je demeure donc seul victime de l'active surveillance qui m'avait fait découvrir les nombreux abus qui existaient au dépôt de recrutement du Calvados, où l'on spoliait les jeunes soldats d'une partie de leur indemnité de route, où l'on falsifiait les états de solde, où l'on ne payait pas les hommes qui ne présentaient pas leur ordre de route, où l'on faisait rendre l'indemnité aux hommes qui obtenaient des sursis de départ, sans qu'il fût constaté que les sommes ainsi restituées aient été réintégrées au trésor !...

Je me décide donc à parler.

Sans doute M. le général Teste n'avouera jamais le véritable motif qui l'a poussé à me desservir ; mais qu'on compare son excessive sévérité envers moi, en demandant pour un motif futile ma mise en disponibilité dans un moment où ma présence était si nécessaire à la poursuite d'un délit infâme ; son empressement à profiter de la faute chimérique qu'il m'a prêtée; son dédain de lire les lettres que je lui ai écrites pour me disculper; son obstination à ne pas revenir sur une erreur, qu'il est forcé lui-même de reconnaître; qu'on compare, dis-je, ces procédés avec l'indulgence que le général a montrée pour le délit par moi signalé; sa répugnance à faire connaître au ministre la vérité, ne craignant même pas de supprimer à cet effet les pièces les plus importantes mises à l'appui de mes rapports (pièce n° 3); qu'on le voie retenant le travail que j'adressais directement au ministre pour l'éclairer, travail qui a fait obtenir aux jeunes soldats le remboursement des sommes détournées, alors que le général Teste a été forcé de le mettre sous les yeux du ministre; enfin qu'on remarque sa sollicitude à conserver au dépôt de recrutement ceux qui avaient montré, sinon une tolérance coupable, du moins une impardonnable négligence;... et que tout homme impartial prononce.

Je crois donc qu'aujourd'hui il doit m'être permis de publier les faits tels qu'ils se sont passés, afin de me justifier aux yeux de ceux qui, connaissant ma manière de servir, ont été étonnés de ma brusque mise en disponibilité; il m'importe aussi de convaincre les habitans du Calvados que si quelquefois je leur ai paru sévère dans l'intérêt de l'armée, je n'ai pas failli à leurs enfans quand leurs intérêts ont été impudemment lésés. Ces faits, je vais les narrer le plus brièvement possible.

Le 12 septembre 1840, je passai à Caen la revue de départ de 5 à 600 jeunes soldats de la classe 1839, et, selon mon habitude, je leur demandai s'ils avaient été payés; quelques soupçons m'étant survenus sur la gestion du dépôt de recrutement, cette fois je demandai à chaque homme quelle somme il avait reçue.

Dès le troisième que je questionnai je m'aperçus qu'il y avait infidélité, malgré les dénégations du commandant de recrutement; continuant de questionner ainsi les hommes, et comparant leurs déclarations avec l'état de solde qui avait servi au paiement, je découvris qu'à un très grand nombre de ces jeunes gens on avait payé un, deux, trois et jusqu'à quatre francs en moins de ce qui était inscrit pour eux sur l'état de solde. J'accusai de ce dol le sergent Martin qui la veille avait accompagné le capitaine Duhamel, lorsque celui-ci payait les hommes; ce sous-officier, interpellé brusquement, m'avoua sur le champ que la veille les chiffres des sommes qu'on remettait aux jeunes soldats étaient *inscrits au crayon* et représentaient une somme moindre que celle que je voyais actuellement inscrite à l'encre sur l'état; c'est qu'aussitôt après le paiement effectué le sergent Bochet avait fait ce changement, et la différence qui existait entre les chiffres tracés devenait son bénéfice; les chiffres tracés au crayon servaient à tromper les commandans de détachemens qui le lendemain, au moment du départ, signaient à la hâte cet état sans qu'ils se doutassent du changement opéré dans les chiffres; et l'état était ainsi régularisé au profit de celui ou de ceux qui avaient commis la fraude.

Reconnaissant parfaitement les chiffres au crayon, attendu qu'ils n'étaient même pas effacés, je voulus faire arrêter le sergent Bochet; mais dès qu'il m'avait vu sur les traces du délit, il s'était esquivé.

Je demandai alors au major ce qu'était devenu le sac contenant l'argent qui la veille avait servi au paiement; il me répondit qu'il était au bureau; je l'envoyai chercher; ce sac contenait encore la plus grande partie de l'argent qu'on avait prélevé sur les hommes. Je le leur fis rendre immédiatement.

Comme la veille d'autres détachemens de la même classe étaient partis, j'écrivis sur-le-champ aux officiers qui les commandaient pour qu'ils eussent à constater les sommes que les jeunes soldats avaient reçues au dépôt; leurs déclarations me furent renvoyées, je les comparai avec les états de solde, et, reconnaissant encore la même fraude, je fis immédiatement envoyer l'argent aux intéressés.

Le total des sommes remboursées se monta pour ce départ à 176 francs, non compris ce qui pouvait revenir à un certain nombre d'hommes absens et qu'on ne put interroger.

Vers le soir, les officiers de recrutement m'amenèrent le sergent Bochet et me prièrent de lui pardonner; je répondis que c'était impossible, que la faute était trop grave, et je fis mettre le sergent Bochet en prison.

En rendant compte de ces faits à M. le lieutenant-général, je le prévins que j'allais prendre des renseignemens pour savoir si le même dol avait eu lieu aux départs précédens.

A cet effet, et sans perte de temps, j'écrivis aux conseils d'administration des corps d'infanterie qui, en 1840, avaient reçu des jeunes soldats du Calvados, afin qu'ils m'envoyassent les déclarations de ces hommes sur les sommes reçues par eux au dépôt de Caen; ces documens m'étant revenus, je les comparai avec les états de solde et j'acquis encore la certitude que la même fraude s'était pratiquée aux six départs qui avaient eu lieu depuis le commencement de l'année 1840; le total de ces dernières réclamations s'élevait à 266 francs; et même ce n'était pas tout, car je n'avais pas pu comprendre plusieurs centaines d'hommes passés aux armes spéciales, et un très grand nombre de ceux absens des corps lors de l'enquête.

Je fis dresser une plainte par le major de recrutement, lequel était intéressé, pour sa propre justification, à ce qu'un pareil abus de confiance fût puni exemplairement, mais il n'exécuta mon ordre qu'avec beaucoup de répugnance.

J'envoyai à M. le lieutenant-général la plainte que mes rapports appuyaient; le sergent Bochet fut traduit devant le conseil de guerre et..... *acquitté !*

Il est à remarquer que les individus qui avaient payé les jeunes soldats étaient cités comme témoins : savoir le capitaine Duhamel et ce même sergent Martin qui m'avait d'abord avoué la fraude et qui pouvait être considéré comme complice.

Le sergent Bochet était connu à Rouen ; il y avait été en garnison avant de venir au dépôt de recrutement, il avait travaillé dans les bureaux et beaucoup de personnes s'intéressaient à lui.

Aussitôt que je fus instruit de cet acquittement, j'écrivis à M. le général Teste pour le prier d'informer le ministre d'un tel scandale ; il me répondit qu'il n'avait besoin des conseils de personne. Néanmoins on n'osa pas faire revenir le sergent Bochet à Caen ; on le renvoya à son régiment avec son grade.

Cependant jamais délit n'avait été plus flagrant ; l'argent dérobé au dernier départ avait été saisi dans le sac qui avait servi au paiement, les chiffres tracés au crayon n'étaient pas effacés sur l'état de solde, le dol avait été commis envers plusieurs centaines de jeunes soldats, il avait été récidivé six fois en six mois : qu'est-ce qui a donc pu militer en faveur de Bochet ? Le délit n'avait-il pas assez de gravité ? C'était un vol commis sur de jeunes soldats inexpérimentés que la loi enlevait à leurs familles.

Le délit n'était-il pas assez infâme ? Le gouvernement faisant un appel à la population pour la défense de l'honneur national, le patriotisme des fonctionnaires publics devait seconder l'élan des jeunes soldats, en les accueillant avec la sollicitude la plus bienveillante..... et le dépôt de recrutement avait la turpitude de les dépouiller d'une faible indemnité pour en profiter !

Le vol n'était-il pas assez considérable ? mais il s'est monté à 7 ou 800 francs.

Bochet avait-il des complices ? Ses supérieurs avaient-ils connaissance de la retenue exercée ? Mais alors ceux-ci auraient dû être recherchés.

Sans doute l'on doit respecter la chose jugée et l'on ne peut pas revenir sur un acquittement prononcé ; mais il n'est pas défendu , il est même dans l'intérêt de la justice de s'enquérir des motifs de l'acquittement ; le délit ne pouvant pas être contesté, n'avait pas pu se commettre sans qu'il y ait eu des coupables , et le présumé coupable étant acquitté, on devait rechercher qui avait commis ou autorisé le dol.

Ainsi , si l'on eût rendu un compte véridique de cet acquittement, comme j'en avais prié M. le lieutenant-général , le ministre eût certainement ordonné une enquête pour en connaître les motifs : on eût su si mes rapports (pièces si importantes dans cette affaire) avaient été joints à la plainte ; on eût su pourquoi je n'ai pas été cité devant le conseil, si l'information paraissait insuffisante ; on eût su pourquoi on n'avait pas appelé du jugement ; et si j'avais fait partie du conseil d'enquête, j'aurais certainement fait découvrir ce qu'il y avait d'extraordinaire dans cette affaire.

Il importe à la discipline de l'armée que la justice soit rendue d'une manière égale dans toutes les divisions , et l'attention du ministre peut être provoquée, quand dans la 14° division un acquittement a

eu lieu pour le délit de vol et de faux constaté jusqu'à la dernière évidence , tandis que dans la 1re division un sergent du 63e a été condamné à trois ans
de prison pour avoir dépensé 25 francs sur les sommes qui revenaient aux jeunes soldats de son détachement.

J'ai constamment déclaré que les deux officiers
de recrutement étaient incapables d'avoir voulu profiter du bénéfice qui résultait du dol fait aux jeunes
soldats ; mais je devais les taxer d'une extrême négligence pour n'avoir pas surveillé la confection des
états de solde ; d'avoir toléré l'inscription des chiffres au crayon , fraude qui eût été découverte par
la moindre vérification ; de n'avoir pas remis l'argent aux commandans des détachemens (comme le
prescrit impérieusement le règlement , quand le
major *lui-même* ne fait pas les paiemens) ; de n'avoir
pas , après chaque opération , compté l'argent qui
était renfermé dans un sac que le capitaine Duhamel tenait lui-même, et d'où il retirait l'argent pour
payer chaque homme ; on aurait reconnu ainsi l'ex-
cédant resté dans le sac , quand même son poids
n'aurait pas donné des soupçons.

Toutes ces omissions pouvaient faire douter de
l'aptitude de ces officiers au service du recrutement ;
quant à leur responsabilité pécuniaire , elle ne pouvait être contestée.

J'avais donc prescrit à M. le major Choquet de
rembourser aux corps les sommes retenues illégale-
ment aux jeunes soldats partis antérieurement ; il

prit, à cet effet, un mandat de 91 francs, et me prévint qu'il allait l'envoyer au conseil du 1ᵉʳ léger.

M. le major étant père de famille, je ne le pressai pas trop pour les autres corps et je lui laissai du temps pour les payer.

Après l'acquittement du sergent Bochet, je demandai cependant à voir les récépissés des conseils d'administration pour les sommes qu'on avait dû leur envoyer; mais M. le major me répondit : « *Qu'il ne devait rien, puisque le sergent avait été acquitté et qu'il s'était même fait rembourser le mandat de 91 francs qu'il m'avait dit vouloir envoyer au 1ᵉʳ léger.*

Je punis le major pour m'avoir caché ces faits, car je n'avais arrêté mes poursuites contre lui que parce que j'avais l'espérance qu'il aurait payé les jeunes soldats ; j'écrivis aussitôt à M. le lieutenant-général pour le prier de demander au ministre qu'il voulût bien donner l'autorisation d'exercer une retenue de 266 francs sur les appointemens du major; M. le lieutenant-général fit beaucoup de difficultés , car ma demande devait appeler l'attention du ministre sur cette affaire ; enfin, après des explications multipliées , le général s'y décida.

Un mois après, le général Teste me fit connaître la réponse du ministre. A mon grand étonnement le major Choquet y était traité avec une extrême indulgence, et moi j'étais réprimandé pour m'être adressé directement aux corps, afin d'avoir des renseignemens. A ce reproche je reconnus les mauvaises dispositions du général Teste envers moi, car il me l'avait adressé dans une de ses lettres, et je le trouvais reproduit dans celle du ministre, quoique j'eusse rappelé à **M.** le général que, dans mon premier rapport, je l'avais prévenu que j'allais prendre de nouveaux renseignemens, et que les maréchaux-de-camp correspondaient directement avec les corps pour le service du recrutement.

J'entrevis dès lors que le général avait cherché à indisposer le ministre contre moi, en lui rendant de ces faits un compte très partial ; plus tard j'ai acquis la certitude qu'il avait supprimé et laissé ignorer au ministre la déclaration des commandans de détachemens, laquelle était jointe à mon rapport du 10 janvier et rendait palpable la responsabilité pécuniaire du major. (*Voir le n° 3 des pièces justificatives.*)

Au lieu des 266 francs que j'avais prescrit au major Choquet de rembourser aux corps, le ministre réduisit cette somme à 34 francs ; mais le principe de la responsabilité du major était ainsi admis.

Ayant la certitude que la vérité des faits et des calculs avait été altérée, je refis le travail, j'y joignis des états bien détaillés et je l'adressai avec une lettre explicative directement au ministre ; mais pour ne plus prêter au reproche de m'être écarté des règles de la hiérarchie, j'envoyai le dossier à M. le général Teste, le priant de le faire parvenir au ministre.

Au bout de quelque temps, ne recevant aucune

réponse, je priai un député de passer dans les bureaux, pour s'informer si mon travail y avait été envoyé (je n'avais que ce seul moyen puisqu'il n'y a que ces messieurs qui y entrent facilement); on lui répondit qu'on n'avait rien reçu.

J'écrivis à M. le général Teste pour le prier de me préciser le jour de l'envoi de mon travail au ministre; le général, employant une tournure évasive, me répondit : « Qu'aussitôt mon travail reçu, il avait envoyé *ses observations* au ministre. »

Le député retourna dans les bureaux, mais rien n'y était arrivé; il demanda aussi si l'on avait eu connaissance de la déclaration des commandans de détachemens (pièce qui aurait dû accompagner le rapport fait par le général pendant le mois de janvier et dont M. le député présenta une copie); on lui répondit négativement et on le pria de laisser la pièce, ce qu'il fit. (*Pièce n° 3.*)

Huit jours après je reçus l'avis de ma mise en disponibilité et de mon remplacement immédiat par le général Potier. Cet avis ne contenait aucune explication sur le motif de cette mesure.

Attéré par ce coup inattendu, je partis sur-le-champ pour Paris et je me rendis chez M. le général Teste.

La circulaire de février avait paru, et croyant être puni pour avoir envoyé un député dans les bureaux et y avoir fait déposer une pièce (ce qui pouvait être contraire à cette circulaire), je dis, en me présentant chez le général : « *J'ai commis une faute...* »

Le général me prit la main et me dit d'un ton amical : « *C'est fâcheux, nous servions pourtant bien ensemble !* » A l'instant même entra le général Potier, mon successeur, qui, ne pouvant, disait-il, se rendre sans délai à son nouveau poste, demandait un sursis d'un mois ; à quoi le général Teste répondit : « Partez toujours, allez prendre votre commandement ; plus tard on vous donnera un congé ou un autre département, si vous le désirez. »

Ces paroles, cette insistance pour faire prendre possession de mon commandement, me donnèrent à penser ; je quittai le général sans avoir d'autre explication, mais je crus entrevoir, dans sa réception, un manque de franchise.

Je me rendis chez M. le maréchal, ministre de la guerre, qui m'accueillit avec beaucoup de bonté ; je lui dis que je croyais qu'il m'avait fait mettre en disponibilité pour avoir envoyé un député dans ses bureaux.

M. le maréchal me répondit que ce n'était pas pour un pareil motif, mais uniquement sur la demande du général Teste. Il ajouta qu'on me donnerait un autre commandement.

Après avoir affirmé à M. le maréchal, qu'en ce cas les paroles que le général Teste m'avait adressées la veille, étaient peu d'accord avec sa conduite envers moi, je l'informai de tout ce qui s'était passé relativement au recrutement, et je ne lui cachai pas que je soupçonnais le général d'avoir demandé ou hâté ma prompte mise en disponibilité par la raison que, si je conservais mon commandement, il ne pourrait plus laisser dans l'ombre mon travail, qui devait faire connaître toute la vérité.

A mon récit, M. le maréchal fut indigné, je dirai même exaspéré !... C'est à ce sentiment, explosion naturelle d'un cœur généreux, que j'en appelle encore aujourd'hui et que j'emprunte le courage de parler, à mes risques et périls, pour une cause juste.

M. le maréchal me demanda un rapport par écrit, et lorsque je lui affirmai que MM. les députés du Calvados allaient s'intéresser à cette affaire, il me chargea de leur dire de ne pas s'en occuper et que justice serait faite.

J'envoyai le rapport demandé à M. le maréchal, et j'écrivis à M. le général Teste, pour le prier de me rendre le travail qu'il n'avait pas voulu envoyer au ministre.

Le général ne me répondit pas, mais il envoya l'ordre au général Potier de partir dans les vingt-quatre heures pour son commandement !...

Quelques jours après, m'étant rendu chez le général Teste, pour réclamer encore de lui ce travail, il me le refusa, ajoutant même qu'il ne l'enverrait pas au ministre ; à quoi je répondis que le ministre pourrait bien l'y contraindre.

Je lui demandai alors à connaître le motif qui l'avait porté à solliciter ma mise en disponibilité ; il me répondit : *que c'était pour lui avoir désobéi en n'envoyant pas immédiatement au sous-intendant un état qu'il réclamait.*

Mais, dis-je au général, pourquoi ne m'avez-vous pas parlé de ce grief, la première fois que je vins ici? Vous deviez savoir que, lorsque votre ordre me parvint, l'état réclamé était à Rouen, et dès que cette pièce fut revenue, je la fis remettre au sous-intendant; je croyais que les explications données dans ma lettre du 11 mars, vous avaient satisfait. Je lui présentai en même temps une copie (*voir le n° 2 des pièces justificatives*).

Le général en prit lecture, parut étonné et s'écria: « C'est trop tard !.. » Je lui répondis : « Je vois bien que vous n'avez pas daigné lire cette lettre que je vous ai écrite pour me disculper ; mais il n'est jamais trop tard pour revenir sur une injustice. »

Le général était embarrassé; cependant il résista et je me retirai.

Deux pairs de France eurent la bonté de lui parler en ma faveur; ils ne purent rien obtenir, et pourtant le général devait être bien convaincu que je n'avais pas eu la moindre intention de lui désobéir ; mais l'affaire du recrutement le préoccupait trop.

Le général Teste, oubliant la bienveillance que le roi venait de lui témoigner pour ses anciens services en le maintenant dans la première section du cadre, brisait ainsi sans regret la carrière d'un officier-général, qui compte quarante ans de loyaux services, et qui donnait une preuve non équivoque de son active surveillance!

Je revis M. le Maréchal, qui me témoigna toujours de la bienveillance ; mais lorsque je demandai à reprendre le commandement du Calvados, on me répondit qu'on ne pouvait pas revenir sur une ordonnance du roi ; et pourtant cette faveur venait d'être accordée à M. le major Choquet, qui avait sollicité son changement de résidence et s'en était repenti après l'avoir obtenu ; une autre ordonnance avait été rendue immédiatement, et le major était resté à Caen.

Il est vrai que sa demande avait été vivement appuyée par le général Teste, qui avait imploré l'appui de M. le Préfet ; celui-ci avait eu la bonté d'accorder une apostille favorable. Pourtant j'en appelle ici à M. Target lui-même, n'aurait-il pas jeté les hauts cris, et ne m'aurait-il pas dénoncé à son ministre, si j'avais fermé les yeux sur le tort qu'on faisait aux jeunes soldats de son département, tort qui provenait en grande partie du manque de surveillance du major !

Quelles pénibles réflexions se présentent ici : aide et protection à celui qui a montré au moins de la négligence ; abandon et expulsion pour celui qui cherche à faire cesser les abus ! !

Fixé à Paris, en quittant Caen, je parvins à faire réclamer par le ministre le travail que le général Teste gardait avec tant d'obstination, et il fut obligé de le remettre. La spoliation ne pouvant être mise en doute, le remboursement fut enfin ordonné intégralement, mais personne ne fut puni, si ce n'est moi qui reste victime !

Afin de posséder un document, j'écrivis à M. le

général Teste pour lui demander des explications
sur son accusation de lui avoir désobéi ; le général
me répondit, par sa lettre du 9 mai. (*Voir les n°s 4
et 1 des pièecs justificatives.*)

J'écrivis derechef au général (*voir le n° 5*), pour
réfuter son accusation, et lui faire sentir ce qu'avait
d'odieux la précipitation avec laquelle il avait agi
envers moi ; mais comme il avait dit dans sa dernière
lettre, qu'il ne me donnerait plus d'autres explications, je lui adressai la mienne par l'intermédiaire
de M. le Ministre, qui put en prendre connaissance.

M. le Maréchal eut la bonté de me faire répondre
qu'il ne doutait pas que le général Teste n'accédât
à ma demande ; mais celui-ci n'en fit rien, il garda
le silence, sachant, sans doute, très bien que son accusation n'avait point de base.

Deux mois après, le général étant venu à Paris, je
me rendis chez lui pour lui demander le motif de
son silence ; il me répondit qu'il ferait voir au ministre une lettre. Cette lettre, il la chercha dans son
secrétaire ; il en commença la lecture à haute voix ;
mais, à sa grande surprise, la première phrase disait
que, la veille, le général Mylius avait envoyé l'état
demandé à l'intendant... Le général Teste s'arrêta,
et je lui dis : « Mais voilà ma justification ! la déli-
catesse exige que vous lisiez cette lettre à M. le
Maréchal. »

Le général, confus, me dit que ce n'était pas cette
lettre qu'il avait voulu me lire (et je le crus facilement), qu'il en avait une autre ; mais il ne put pas

2

me la présenter. Je le quittai alors, et depuis il ne me donna plus de ses nouvelles.

A cette occasion, je ferai remarquer que, contrairement à tous les règlemens, le général Teste, pendant la session de la Chambre des pairs, dont il est membre, conserve le commandement de la division, quoique résidant à Paris.

De cette infraction au règlement résultaient deux inconvéniens graves : les affaires de la division sont abandonnées aux officiers de son état-major; et au milieu des distractions de la capitale, le général Teste lit mal ou pas du tout les lettres qu'on lui écrit, et les siennes présentent des non sens monstrueux. (*Voir le* n° 1 *des pièces justificatives.*)

Le deuxième inconvénient est que le général se place dans la dépendance de l'intendant qui lui fait payer ses indemnités comme présent à Rouen. Aussi, dans mon affaire, le général s'est-il empressé de donner raison à celui-ci, sans seulement vouloir attendre mes explications, et s'est-il gardé de faire connaître les tracasseries rancuneuses que l'intendance m'avait suscitées.

Ne pouvant rien obtenir du général Teste, je priai M. le Ministre de me faire traduire devant un conseil de guerre, un conseil d'enquête ou une commission quelconque pour me justifier ; je présentai des mémoires, etc. : les réponses étaient bienveillantes, j'en témoigne encore toute ma reconnaissance à M. le Maréchal, mais mes demandes ont toujours été écartées.

M. le Maréchal daigna même me confier le commandement de la subdivision de la Vendée ; mais je fus obligé de le remercier, ne me sentant pas la force dans ce moment de remplir dignement mes fonctions. Mon cœur était navré de ce que je venais d'éprouver, et je craignais de faillir à mon devoir si je découvrais encore des abus, leur poursuite m'ayant donné tant de désagrément.

C'est avec la plus grande répugnance que je me décide à publier ces faits ; mais je crois que le bien public m'en fait un devoir.

La prudence pouvait me conseiller d'attendre que M. le Maréchal et M. le frère du général Teste ne fussent plus au ministère ; mais j'ai trop haute opinion de leur impartialité pour ne pas oser faire connaître la vérité, quand ils sont encore tout puissans.

M. le Maréchal a daigné me reconnaître quelque énergie dans le caractère ; il m'en a récompensé en 1813 et en 1832 ; j'ose donc espérer qu'il ne s'étonnera pas, et surtout qu'il ne s'offensera pas de ma démarche.

Après avoir montré depuis un an une soumission passive, après avoir eu recours en vain à tous les moyens hiérarchiques pour obtenir justice, je ne puis me résoudre à passer sous silence les procédés haineux de M. le général Teste envers moi, procédés qui m'ont fait perdre mon commandement ; je dis plus, ils ont brisé pour toujours ma carrière, car la facilité avec laquelle on obtient dans les bureaux le renvoi d'un maréchal-de-camp, a détruit en moi pour toujours le sentiment du prestige militaire.

Mais j'ai à cœur aussi de défendre la gloire de M. le Maréchal! Si je me taisais, la postérité pourrait dire que, sous son ministère, des centaines de jeunes soldats ayant été spoliés de leur faible indemnité de route, personne n'a été puni, *excepté le maréchal de camp qui a dénoncé et poursuivi le crime.*

Fais ce que dois, advienne que pourra! Mon sacrifice est consommé : puisse-t-il profiter à mes camarades! Puisse à l'avenir l'officier général être entendu avant d'être privé brusquement de son commandement! Puisse l'officier général jouir du privilége que le règlement accorde au simple soldat!

Le Maréchal-de-camp,

F. DE MYLIUS.

Rue de Rivoli, 18.

PIÈCES JUSTIFICATIVES.

Copie de la lettre de M. le lieutenant-général Teste au maréchal-de-camp de Mylius.

N° 1.

Au Quartier-Général à Rouen, le 10 mars 1841.

GÉNÉRAL,

M. l'Intendant-général militaire m'informe, par sa lettre du 6, que la solde de MM. les officiers de la première classe continue d'être en suspens dans votre subdivision, et cela par l'inexécution de l'ordre que je vous ai adressé le 7 de ce mois.

Un tel état de choses est tout-à-fait contraire au bien du service. J'éprouve le regret de vous en témoigner tout mon mécontentement, et je vous préviens que j'en rends compte à M. le maréchal ministre de la guerre.

Recevez, Général, l'assurance de ma considération très distinguée.

Le Lieut.-Gén. commandant la division,

Signé : TESTE.

On remarquera dans cette lettre un non sens monstrueux : *l'Intendant aurait écrit, le 6, que je n'ai pas exécuté l'ordre que le général m'a adressé le 7, et qui ne m'est parvenu que le 9 !*

Non seulement l'Intendant n'a pas pu écrire le 6 que je n'exécutais pas un ordre qu'on ne m'avait expédié de Rouen que le 7 ; mais ce fonctionnaire m'a affirmé n'avoir jamais écrit au général que je n'exécutais pas son ordre.

N° 2.

Copie de la réponse du maréchal-de--camp de Mylius à la lettre de M. le lieutenant-général Teste , datée du 10 mars.

Caen, ce 11 mars 1841.

MON GÉNÉRAL ,

Votre dépêche du 10 m'est arrivée aujourd'hui, ce qui me fait présumer que vous êtes rentré à Rouen, tandis que votre dépêche du 7 ne m'était encore arrivée que le 9 , c'est à dire le surlendemain de son expédition comme toutes celles que vous signez à Paris.

Ainsi que je vous l'avais mandé dans ma dépêche du 9, la veille j'avais envoyé de nouveau à M. l'Intendant l'état des mutations en lui faisant quelques observations ; cette feuille m'a été renvoyée aujourd'hui par ce fonctionnaire ; je l'ai adressée de suite à M. Dupleix , et à midi , les deux officiers qui seuls forment ma classe avaient reçu leurs mandats.

Il n'y a donc pas eu refus d'obéissance à votre dépêche du 7 , ce qu'il m'importe le plus de justifier.

Quant au retard de quelques jours apporté dans la délivrance des mandats, il n'aurait dû peser que sur moi , et je le croyais aussi ; mais M. Dupleix a été bien aise de satisfaire son animosité qui ne connaît plus de bornes depuis que j'ai rendu compte du mauvais état de la comptabilité des cavaliers· vétérans, et c'est quelques jours après, quoique je n'eusse pas parlé du Sous-Intendant, que M. Dupleix me suscita des tracasseries pour l'état des mutations ; aussi ai-je cherché à m'y soustraire, en priant M. l'Inten-

dant de ne pas me mettre dans la dépendance de M. Dupleix, d'au
tant plus qu'il ne m'avait jamais prévenu, ainsi que le prescrit
l'article 454, qu'il avait donné sa délégation à M. le Sous-Intendant.

M. Dupleix a donc fait peser aussi le retard sur les deux officiers de recrutement afin de me compromettre ; tandis que, depuis *trois ans,* il délivrait les mandats à ces officiers sans rien
exiger de moi, et que, dans le débat qu'il venait de susciter, je
l'avais prévenu que l'état était envoyé à M. l'Intendant, et que
j'attendais la réponse à mes observations.

Je suis avec respect,

Mon Général,

Votre subordonné,
Signé : Le M^{al}-de-camp MYLIUS.

N° 3.

*Copie de la déclaration des officiers, commandant
les détachemens de jeunes soldats ; cette pièce
était jointe à ma lettre du 10 janvier, adressée à
M. le lieutenant-général Teste ; mais celui-ci a
jugé à propos de la supprimer et de ne pas en
donner connaissance au ministre.*

Nous soussignés, officiers au 55e régiment de ligne, désignés
pour conduire des détachemens de jeunes soldats à divers corps
dans le courant du 3e trimestre 1840, certifions que tous les jeunes
soldats de ces divers détachemens, *à l'exception de ceux qui ne
présentaient pas leur ordre de route,* ont reçu en notre présence
l'indemnité de route et de séjour par les soins de M. le capitaine
de recrutement Duhamel, accompagné du sergent attaché au

même dépôt ; que M. le capitaine Duhamel payait les hommes sur l'appel , qu'en faisait le sergent , et que, sur le contrôle qui servait à payer les hommes, la somme était portée au crayon.

Cette opération étant faite par M. le capitaine Duhamel, qui devait connaître, plutôt que nous, les sommes revenant aux jeunes soldats pour le trajet parcouru par eux depuis leur domicile jusqu'au chef-lieu du département, ne pouvait nous faire soupçonner qu'on ne leur payait pas ce qui leur revenait réellement. D'ailleurs, si chaque homme n'a pas reçu intégralement ce qui lui était dû, c'est qu'après que nous avons eu signé la feuille émargée, l'on a surchargé les chiffres en les mettant à l'encre sur le contrôle avec lequel on a payé en notre présence.

D'un autre côté, l'appel de nos détachemens n'était pas encore terminé, qu'on est venu nous prier de signer la feuille d'émargement, en nous disant que, vu le peu de temps que nous avions à nous, nous n'aurions pas le temps de la vérifier ; ayant vu les hommes payés par M. le capitaine Duhamel, nous avons signé de confiance, et cela avec d'autant plus de raison que nous n'avions aucun moyen de contrôle, puisque M. le commandant du dépôt de recrutement avait fait payer par M. le capitaine, *au lieu de laisser ce soin à chacun de nous pour le détachement dont il était chargé.*

Caen , le 10 janvier 1841.

Ont signé : SAUVAGE, LEBRUN, MARGAT.

N° 4.

Paris, 9 mai 1841.

Réponse de M. le lieutenant-général Teste à la lettre du général de Mylius , qui lui avait demandé à connaître les motifs de sa mise en disponibilité.

GÉNÉRAL ,

J'ai lieu d'être surpris de la question que vous m'adressez relativement aux motifs de votre mise en disponibilité.

Ma lettre du 10 mars dernier ne devait vous laisser aucun doute à cet égard. Elle vous témoignait mon mécontentement , et vous prévenait que j'en écrivais à M. le Maréchal ministre de la guerre ; mais puisqu'elle ne vous a pas suffisamment éclairé , je veux bien vous faire connaître que , vous ayant donné formellement un ordre que vous n'avez pas exécuté immédiatement , comme c'eût été votre devoir , j'en ai rendu compte au ministre en lui demandant votre remplacement.

En fait de discipline et de subordination militaire , je ne comprends pas de transaction. Toute résistance , de quelque part qu'elle vienne , ne peut pas être tolérée ; aussi , quelque pénible que fût mon devoir , il devenait , en cette circonstance , par trop impérieux. Je n'ai pas hésité à le remplir.

Recevez , Général , la nouvelle assurance de ma considération très distinguée.

Le Lieutenant-Général , commandant
la 14° division militaire ,

Signé : TESTE.

P. S. En vous autorisant à faire de cette lettre tel usage que vous jugerez convenable, je crois devoir vous prévenir qu'il ne me reste désormais aucune autre explication à vous donner.

Signé : TESTE.

Nº 5.

Réponse du maréchal-de-camp de Mylius à la lettre de M. le lieutenant-général Teste, en date du 9 mai.

Paris, ce 12 juin 1841.

MON GÉNÉRAL,

A la demande que j'ai eu l'honneur de vous adresser de vouloir bien me faire connaître le motif de ma mise en disponibilité, vous me répondez par votre lettre du 9 mai : « *que, m'ayant donné formellement un ordre, je ne l'ai pas exécuté immédiatement.* » Vous n'ajoutez aucun détail, vous me renvoyez à votre lettre du 10 mars, et vous me prévenez qu'il ne vous reste désormais aucune autre explication à me donner.

J'ai l'honneur de vous faire observer, mon Général, que la punition qui m'est infligée est trop grave pour un officier général, pour que ma demande puisse être écartée ainsi par un énoncé aussi vague, et j'invoque les principes de toute justice, les égards qu'on doit au grade d'officier général, et l'ordonnance du 2 novembre, pour que vous me fassiez connaître comment je vous ai désobéi.

Vous me renvoyez au texte de votre lettre du 10 mars; mais vous y dites (et je joins la copie littérale) que M. l'Intendant vous informe, par sa lettre du 6, que la solde de MM. les officiers de la première classe continue d'être en suspens, et cela par l'inexécution de l'ordre que vous m'avez adressé le 7.

Comment M. l'Intendant pouvait-il vous écrire, le 6, que je n'avais pas exécuté votre ordre du 7, qui même ne m'est parvenu que le 9? Et comment une pareille erreur a-t-elle pu servir de base à votre demande pour me faire infliger l'affront de la mise en disponibilité.

Après votre ordre du 7, qui ne m'est parvenu que le 9, vous n'avez reçu d'autre lettre de M. l'Intendant que le 11, et il vous rendait compte que l'état serait remis par moi au Sous-Intendant; mais moi-même j'ai eu l'honneur de vous écrire le 9, aussitôt après la réception de votre ordre, que, la veille, j'avais envoyé pour la troisième fois à M. l'Intendant l'état demandé, en y joignant quelques observations; et, le 11, je vous écrivais que l'état ayant été renvoyé ce matin par M. l'Intendant, je l'avais transmis immédiatement à M. le Sous-Intendant; j'insistais surtout pour vous convaincre que je n'avais pas eu la moindre idée de vouloir vous désobéir.

Lorsque votre ordre me parvint, l'état était à Rouen depuis la veille; il fallut attendre son retour, et, aussitôt revenu, à l'instant même l'état fut remis par moi au Sous-Intendant. Je joins encore copie de ma lettre du 11 mars.

D'après cet exposé bien simple, il m'est impossible de reconnaître que je vous ai désobéi, et j'ai besoin que vous me l'indiquiez.

Comme, d'après votre dernière lettre, vous me refusez de me donner des explications, j'ai l'honneur, mon Général, de vous adresser ma lettre par l'intermédiaire de M. le ministre de la guerre, dans l'espoir que vous voudrez bien me faire une réponse.

Je suis avec respect, etc.

Le Maréchal-de-camp,

Signé : DE MYLIUS.

Exposé des faits qui ont fourni à M. le lieutenant-général Teste le prétexte de m'accuser de lui avoir désobéi.

Au mois de décembre 1840, ayant obtenu une permission de cinq jours, j'en profitai pour assister aux funérailles de l'empereur; à Paris, je rencontrai M. Hervé, intendant de la division, et lui demandai si une retenue serait exercée sur ma solde pour les cinq jours; il me répondit négativement. M. Hervé ne pouvait guère dire autrement, car il passe la moitié de l'année à Paris, et je suis certain qu'il reçoit toujours sa solde sans retenue.

A la fin de décembre, je fus donc payé intégralement de mes appointemens.

Dans le courant de janvier, ayant passé la revue trimestrielle de la compagnie de cavaliers vétérans, je dus signaler l'extrême négligence de son administration, car depuis le 1er octobre aucune inscription n'avait été faite sur les registres.

M. Dupleix, sous-intendant militaire, déjà irrité de ce que je n'avais pas rejeté les justes plaintes que la garnison avait élevées contre la mauvaise qualité du pain (il était inférieur à celle des détenus de Beaulieu), fut blessé de mon rapport sur la compagnie de vétérans, et à la fin de janvier il voulut revenir sur les cinq jours de permission, pour lesquels aucune retenue n'avait été exercée; à cet effet, il me fit demander par l'intendant l'état des mutations pendant le mois de décembre; état *mensuel* que l'intendance n'avait pas songé à me demander depuis *trois ans*.

Je répondis que je ne m'opposais nullement à ce qu'une retenue fût exercée pour mes cinq jours d'absence, ainsi qu'on l'avait déjà fait plusieurs fois; mais je fis remarquer qu'on devait le faire franchement et non par un détour jésuitique; je refusai de fournir l'état, le délai dans lequel il devait être fourni étant passé.

Voyant que j'avais évité le piége (car si je signais l'état sans mutations, M. Dupleix s'inscrivait en faux contre moi, ainsi qu'il me l'a dit plus tard; et si je signais avec la mutation, je l'obligeais à exercer la retenue), M. l'intendant n'insista plus, et se contenta de ma promesse de fournir à l'avenir l'état en question.

Le 28 février, je le fis donc parvenir à Rouen à M. l'intendant, qui me le renvoya, me disant que je devais le remettre au sous-intendant; je l'adressai de nouveau, le 3 mars, à M. l'intendant, en lui faisant observer que le règlement de 1838 me prescrivait de fournir l'état à lui-même, à moins qu'il ne déléguât le sous-intendant, ce dont il devait informer le Ministre et m'en prévenir. M. l'intendant me renvoya encore l'état, disant que *depuis dix ans*, il avait donné cette délégation; le 7 mars, je le lui fis remettre une troisième fois, en lui faisant observer que, le règlement précité ne *datait que de trois ans*, et que cependant je n'insistais que *pour le prier* de recevoir lui-même l'état, afin de ne pas me soumettre à la rancune du sous-intendant, qui devait incessamment être mis à la retraite; je promettais même de fournir sans difficulté l'état à son successeur; j'ajoutai que si cela ne se pouvait pas, je le priais d'en référer au Ministre, espérant que je serais interpellé sur mon refus, et que j'aurais ainsi l'occasion de faire connaître les tracasseries auxquelles MM. les sous-intendans ont recours quand les maréchaux-de-camp se permettent de signaler quelques abus de l'administration. Mais M. l'intendant, qui ne se souciait pas que le Ministre eût connaissance de cette manière *capricieuse* d'administrer, préféra s'adresser à M. le lieutenant-général, qui me donna l'ordre de fournir l'état; je lui répondis sur-le-champ (le 9) que l'état était à Rouen depuis l'avant-veille pour la troisième fois, accompagné de quelques observations à M. l'intendant; enfin, le surlendemain (11) l'état m'étant revenu, je le remis immédiatement à M. le sous-intendant, afin de me soumettre aux ordres de M. le lieutenant-général, et je consignai sur cet état qu'il avait été envoyé par moi trois fois à M. l'intendant. J'en informai aussitôt M. le lieutenant-général par ma lettre du 11, à laquelle le général ne répondit pas, et je le crus satisfait de mes explications.

Je voulus même me rendre à Rouen pour m'entretenir avec lui sur cette affaire et sur celle du recrutement, mais le colonel chef de l'état-major me répondit que le général Teste était reparti pour Paris.

Si M. Hervé eût eu la complaisance d'envoyer mon état au sous-intendant, tout aurait été évité ; et si j'ai eu le tort de montrer quelque susceptibilité, personne ne me reconnaîtra le tort si grave d'avoir voulu désobéir à mon lieutenant-général.

IMPRIMERIE D'ÉD. PROUX ET Cie, RUE NEUVE-DES-BONS-ENFANS, 3.